Ist er da?

Kapitel 1: Einleitung

Kapitel 2: Der Glaube an Gott in der Geschichte

Kapitel 3: Die philosophische Perspektive

Kapitel 4: Die wissenschaftliche Perspektive

Kapitel 5: Die persönliche Erfahrung

Kapitel 6: Atheistische Positionen

Kapitel 7: Religiöse Offenbarungen und Schriften

Kapitel 8: Ethik und Religion

Kapitel 9: Agnostizismus und Zweifel

Kapitel 10: Zusammenfassung und Schlussfolgerung

KAPITEL 1: EINLEITUNG

Die Frage nach der Existenz Gottes hat eine lange und tiefgreifende Geschichte, die sich auf die Menschheit seit Anbeginn der Zivilisation auswirkt. Sie entspringt der grundlegenden Neugierde des Menschen nach dem Ursprung und dem Sinn des Lebens sowie nach einer höheren Macht, die das Universum und das menschliche Dasein lenkt.

Für viele Menschen ist die Frage nach der Existenz Gottes von zentraler Bedeutung, da sie einen Einfluss auf ihre Weltanschauung, ihre ethischen Prinzipien und ihre Suche nach Sinn und Erfüllung hat. Der Glaube an Gott bietet eine Quelle der Hoffnung, des Trostes und der Orientierung in Zeiten der Unsicherheit und des Leidens. Er gibt den Menschen das Gefühl, Teil eines größeren Ganzen zu sein und eine Verbindung zu einer transzendenten Wirklichkeit zu haben.

Religion und Spiritualität haben in den verschiedenen Kulturen und Gesellschaften der Welt eine wesentliche Rolle bei der Beantwortung der Frage nach der Existenz Gottes gespielt. Religiöse Überzeugungen und Praktiken bieten den Menschen einen Rahmen, um ihre Beziehung zu Gott zu erkunden, Rituale durchzuführen, spirituelle Erfahrungen zu machen und moralische Werte zu entwickeln.

Die Frage nach der Existenz Gottes hat auch eine philosophische Dimension. Philosophen haben über Jahrhunderte hinweg verschiedene Argumente für und gegen die Existenz Gottes entwickelt. Diese Argumente reichen von rationalen

Überlegungen und logischen Schlussfolgerungen bis hin zu persönlichen Glaubenserfahrungen und metaphysischen Spekulationen.

Darüber hinaus hat die Frage nach der Existenz Gottes auch Auswirkungen auf gesellschaftliche und politische Debatten. Religion spielt eine Rolle bei der Formulierung von Werten und Normen, bei der Gestaltung von Gesetzen und bei der Definition von Identitäten und Gemeinschaften. Der Glaube an Gott kann eine Quelle der Inspiration und Motivation für soziales Engagement und humanitäres Handeln sein.

Trotz intensiver Diskussionen und Debatten gibt es keine endgültige Beweise oder einheitliche Antworten auf die Frage nach der Existenz Gottes. Sie bleibt eine Frage des persönlichen Glaubens, der individuellen Überzeugungen und der Suche nach tieferer Bedeutung. Die Vielfalt der religiösen Traditionen und philosophischen Perspektiven zeigt die Komplexität und Tiefe dieses Themas und fordert zur Offenheit und Toleranz gegenüber unterschiedlichen Ansichten auf. Die Frage nach der Existenz Gottes bleibt eine herausfordernde und faszinierende Frage, die die menschliche Vorstellungskraft und das Streben nach Wissen und Verständnis seit Jahrhunderten beflügelt.

Die Zielsetzung des Buches "Ist er da?" besteht darin, eine umfassende Untersuchung und Betrachtung des Themas anzubieten. Das Buch soll Lesern helfen, sich mit der Frage nach der Existenz Gottes auseinanderzusetzen und ein besseres Verständnis für die verschiedenen Perspektiven, Argumente und Ansätze zu entwickeln, die im Laufe der Geschichte und in verschiedenen Kulturen vorgebracht wurden.

Das Buch strebt eine ausgewogene und objektive Herangehensweise an, indem es religiöse, philosophische und wissenschaftliche Sichtweisen berücksichtigt. Es soll dem Leser ermöglichen, verschiedene Argumente und Beweise zu erkunden, die für oder gegen die Existenz Gottes vorgebracht wurden, und die damit verbundenen Fragen und Herausforderungen zu verstehen.

Eine weitere Zielsetzung des Buches ist es, zum interreligiösen Dialog beizutragen und eine Brücke zwischen verschiedenen religiösen Traditionen und Weltanschauungen zu schlagen. Es soll den Respekt und das Verständnis für unterschiedliche Glaubensvorstellungen fördern und zu einem fruchtbaren Austausch über das Thema anregen.

Darüber hinaus möchte das Buch die Leser dazu ermutigen, ihre eigenen Überzeugungen und Fragen kritisch zu reflektieren und eine informierte Meinung zu bilden. Es stellt keine endgültigen Antworten vor, sondern bietet eine Grundlage für persönliche Recherche und Nachdenken.

Das Buch richtet sich an ein breites Publikum, das an philosophischen, religiösen und spirituellen Fragen interessiert ist. Es soll sowohl Gläubigen als auch Skeptikern, Theologen, Philosophen und all jenen, die sich mit der Frage nach der Existenz Gottes auseinandersetzen möchten, dienen.

Insgesamt zielt das Buch darauf ab, eine fundierte, sachliche und zugängliche Diskussion über die Frage nach der Existenz Gottes zu fördern und den Lesern dabei zu helfen, ihre eigene Position zu diesem bedeutenden Thema zu entwickeln. Es will Raum für Reflexion und einen offenen Dialog schaffen, der das Verständnis und den Respekt für unterschiedliche Standpunkte fördert.

KAPITEL 2: DER GLAUBE AN GOTT IN DER GESCHICHTE

Religiöse Traditionen auf der ganzen Welt bieten eine Vielzahl von Vorstellungen und Konzepten von Gott. Jede Tradition hat ihre einzigartige Sichtweise, die von ihrer Geschichte, ihren Überlieferungen und kulturellen Einflüssen geprägt ist. Ein Überblick über einige der prominentesten religiösen Traditionen zeigt die Vielfalt und Komplexität dieser Vorstellungen.

Im Christentum wird Gott als der allmächtige Schöpfer des Universums betrachtet, der sich in der Heiligen Dreifaltigkeit manifestiert: Vater, Sohn (Jesus Christus) und Heiliger Geist. Gott wird als liebevoller, barmherziger und gerechter Gott dargestellt, der eine persönliche Beziehung zu den Menschen sucht.

Im Islam ist Allah der einzige Gott und wird als allwissend, allmächtig und allgegenwärtig angesehen. Allah ist der Schöpfer und Lenker des Universums und wird als absoluter Monarch verehrt. Der Islam betont die Einheit und Transzendenz Gottes sowie seine Barmherzigkeit und Gnade.

Im Judentum wird Gott als der einzige wahre Gott betrachtet, der das Universum erschaffen hat. Gott wird als allmächtig, gerecht und liebevoll beschrieben. Der Name Gottes, JHWH (Jahwe), wird im Judentum als heilig angesehen und mit Ehrfurcht behandelt.

Im Hinduismus gibt es eine Vielzahl von Göttern und Göttinnen, die als verschiedene Aspekte des göttlichen Prinzips betrachtet werden. Brahma, Vishnu und Shiva sind einige der zentralen Gottheiten, die verschiedene Aspekte des Universums verkörpern. Das hinduistische Verständnis von Gott betont die Vielfalt und Einheit des Göttlichen.

Im Buddhismus gibt es keine Vorstellung von einem persönlichen Schöpfergott. Stattdessen wird das höchste Ziel im Buddhismus als Erleuchtung oder Erwachen angesehen, das durch die Überwindung des Leidens und die Erreichung von Erkenntnis erreicht wird. Der Buddhismus betont die Selbstverantwortung und den inneren Weg zur Befreiung.

Diese sind nur einige Beispiele religiöser Traditionen und ihre Vorstellungen von Gott. Es gibt zahlreiche weitere Religionen und spirituelle Wege auf der Welt, von den indigenen Traditionen bis hin zu den vielfältigen Neureligionen. Jede Tradition hat ihre eigenen theologischen Konzepte, Rituale und Praktiken, die den Gläubigen helfen, eine Verbindung zu ihrem Verständnis von Gott herzustellen. Die Unterschiede und Gemeinsamkeiten in den Vorstellungen von Gott bieten Raum für einen fruchtbaren interreligiösen Dialog und eine breite Palette von spirituellen Erfahrungen.

Die Entwicklung des Gottesbegriffs im Laufe der Zeit ist eng mit dem Fortschritt der menschlichen Kultur, des Denkens und der spirituellen Erfahrungen verbunden. Von prähistorischen Zeiten bis zur heutigen Zeit hat sich das Verständnis von Gott in verschiedenen Kulturen und religiösen Traditionen weiterentwickelt und verändert.

In prähistorischen Gesellschaften und animistischen Kulturen wurden oft Naturphänomene und Elemente der Umwelt als göttliche Kräfte oder Geister angesehen. Die Menschen glaubten an eine animierte Welt, in der sie mit den natürlichen Elementen interagierten und versuchten, die Gunst der Götter zu erlangen. Dieser frühe Gottesbegriff war stark mit der Erfahrung der Natur und der Suche nach Sicherheit und Fruchtbarkeit verbunden.

Mit dem Aufkommen der ersten Zivilisationen im alten Mesopotamien, Ägypten und anderen Regionen entstanden polytheistische Religionen. Hier wurden verschiedene Götter verehrt, von denen jeder bestimmte Funktionen und Verantwortlichkeiten hatte. Diese Götter wurden als menschenähnlich betrachtet, mit individuellen Persönlichkeiten, Emotionen und Beziehungen zueinander. Die Menschen brachten ihnen Opfergaben dar, um ihre Gunst zu gewinnen und Schutz und Unterstützung zu erhalten.

Im antiken Griechenland und Rom entwickelte sich ein ähnlicher polytheistischer Glaube, der eine große Zahl von Göttern und Göttinnen verehrte. Diese Götter wurden als mächtig und unsterblich angesehen, aber auch mit menschlichen Eigenschaften und Schwächen ausgestattet. Die griechische Philosophie brachte jedoch auch einen skeptischeren Ansatz hervor, der die Existenz der Götter in Frage stellte und nach rationalen Erklärungen suchte.

Mit dem Aufkommen des Monotheismus im Judentum wurde eine radikale Veränderung in der Vorstellung von Gott eingeleitet. Der jüdische Gott, Jahwe, wurde als der einzige wahre Gott betrachtet, der das Universum erschaffen hat und eine Beziehung zu seinem auserwählten Volk einging. Jahwe wurde als allmächtig, transzendent und gerecht angesehen. Das Judentum betonte die Einheit und den moralischen Anspruch Gottes.

Das Christentum entwickelte sich aus dem jüdischen Glauben und brachte eine neue Vorstellung von Gott als Dreieinigkeit hervor: Vater, Sohn (Jesus Christus) und Heiliger Geist. Dieser dreieinige Gott wird als liebevoll, barmherzig und gnädig beschrieben und ermöglicht eine persönliche Beziehung zu den Gläubigen.

Der Islam, eine weitere monotheistische Religion, lehnt die Vorstellung der Dreifaltigkeit ab und bekennt sich zu einem einzigen Gott, Allah. Allah wird als allmächtig, allwissend und allgegenwärtig angesehen und betont die Einheit und Transzendenz Gottes.

Im Laufe der Geschichte haben auch andere religiöse Traditionen und philosophische Schulen ihre eigenen Vorstellungen von Gott entwickelt. Einige betonen die Transzendenz und Unbeschreiblichkeit Gottes, während andere Aspekte wie Mitgefühl, Weisheit oder die innere göttliche Natur des Menschen hervorheben.

Es ist wichtig anzumerken, dass diese Entwicklung des Gottesbegriffs keine lineare Progression ist, sondern von kulturellen, historischen und individuellen Einflüssen geprägt wird. Die Vorstellungen von Gott sind vielfältig und spiegeln die unterschiedlichen Bedürfnisse, Weltanschauungen und spirituellen Erfahrungen der Menschen wider. Die Entwicklung des Gottesbegriffs bleibt ein faszinierendes Thema, das zeigt, wie sich die menschliche Vorstellung von der transzendenten Wirklichkeit im Laufe der Zeit entwickelt hat.

Der Glaube an Gott und religiöse Überzeugungen haben einen bedeutenden Einfluss auf Kultur, Gesellschaft und das individuelle Leben. Die Auswirkungen des Glaubens an Gott sind vielfältig und reichen von moralischen Werten und sozialen Normen bis hin zu künstlerischem Ausdruck, sozialer Gerechtigkeit und persönlicher Spiritualität.

In vielen Kulturen prägt der Glaube an Gott die kulturelle Identität und die gemeinsamen Werte einer Gesellschaft. Religiöse Rituale, Feste und Bräuche werden als wichtiger Bestandteil des kulturellen Erbes betrachtet und dienen als Verbindung zu den spirituellen Wurzeln einer Gemeinschaft. Der Glaube an Gott kann auch einen Rahmen für das Verständnis von Kunst, Musik, Literatur und Architektur bieten, indem er thematische Inhalte und symbolische Ausdrucksformen beeinflusst.

Auf gesellschaftlicher Ebene kann der Glaube an Gott eine wichtige Rolle bei der Gestaltung von Normen, Gesetzen und politischen Entscheidungen spielen. Religiöse Überzeugungen können die Moralvorstellungen beeinflussen und als Grundlage für ethische Prinzipien und Verantwortung dienen. Der Glaube an Gott kann auch dazu ermutigen, sich für soziale Gerechtigkeit einzusetzen, sich um die Bedürfnisse der Armen und Benachteiligten zu kümmern und eine Gemeinschaft des Mitgefühls und der Solidarität aufzubauen.

Auf individueller Ebene kann der Glaube an Gott eine Quelle der Orientierung, des Trostes und der Hoffnung sein. Der Glaube bietet Antworten auf existenzielle Fragen, gibt Sinn und Zweck im Leben und ermöglicht es den Menschen, mit Herausforderungen und Leid umzugehen. Der Glaube an Gott kann eine spirituelle Dimension ins Leben bringen, die Erfüllung, inneren Frieden und eine tiefere Verbindung zu etwas Größerem vermittelt.

Darüber hinaus kann der Glaube an Gott auch eine motivierende Kraft für persönliches Wachstum und positive Veränderungen sein. Er kann Menschen dazu ermutigen, ihre moralischen und ethischen Werte zu leben, Verantwortung für ihr Handeln zu übernehmen und sich für das Wohl anderer einzusetzen. Der Glaube an Gott kann eine Quelle der Inspiration sein, um Hindernisse zu überwinden, nach spiritueller Entwicklung zu streben und eine bessere Version von sich selbst zu werden.

Es ist wichtig anzumerken, dass der Einfluss des Glaubens an Gott sowohl positive als auch negative Aspekte haben kann. Religion kann zur Förderung von Toleranz, Mitgefühl und sozialem Zusammenhalt beitragen, aber auch zu Konflikten, Intoleranz und Diskriminierung führen, wenn religiöse Überzeugungen missbraucht oder fehlinterpretiert werden.

Insgesamt lässt sich sagen, dass der Glaube an Gott eine tiefgreifende Auswirkung auf Kultur, Gesellschaft und individuelles Leben hat. Er formt die Werte, die Moral und das Verhalten einer Gemeinschaft, bietet eine spirituelle Dimension des Lebens und kann Menschen dazu inspirieren, nach höheren Idealen zu streben. Der Glaube an Gott ist ein grundlegendes Element des menschlichen Daseins, das die Menschheit in vielerlei Hinsicht geprägt hat und weiterhin prägt.

KAPITEL 3: DIE PHILOSOPHISCHE PERSPEKTIVE

In der Philosophie gibt es eine Vielzahl von Argumenten sowohl für als auch gegen die Existenz Gottes. Diese Argumente basieren auf unterschiedlichen Denkansätzen, logischen Schlussfolgerungen und metaphysischen Überlegungen. Hier sind einige der bekanntesten Argumente:

Argumente für die Existenz Gottes:

Das kosmologische Argument: Dieses Argument basiert auf der Vorstellung, dass das Universum eine Ursache haben muss. Es besagt, dass es einen ersten Verursacher geben muss, der außerhalb des Universums existiert und dieses in Gang gesetzt hat.

Das teleologische Argument: Dieses Argument beruht auf der Beobachtung der Ordnung, Komplexität und Zweckmäßigkeit in der Natur. Es besagt, dass die Existenz von Design und Ordnung in der Welt auf einen intelligenten Schöpfer, also Gott, hinweist.

Das ontologische Argument: Dieses Argument basiert auf der Vorstellung, dass allein die Idee von Gott als dem vollkommensten Wesen seine Existenz beweist. Es argumentiert, dass die bloße Vorstellung von Gott als notwendigerweise existierend betrachtet werden kann.

Argumente gegen die Existenz Gottes:

Das Problem des Bösen: Dieses Argument stellt die Frage, wie es mit der Existenz eines allmächtigen, allwissenden und guten Gottes vereinbar ist, dass es in der Welt Leid und Übel gibt. Das Vorhandensein von Bösem wird oft als Widerspruch zur Existenz eines allmächtigen und liebenden Gottes betrachtet.

Das Argument der fehlenden Beweise: Dieses Argument besagt, dass es keine ausreichenden empirischen Beweise für die Existenz Gottes gibt. Es fordert, dass der Glaube an Gott auf Glauben und subjektiven Erfahrungen basiert, anstatt auf überprüfbaren Fakten.

Das Argument der religiösen Vielfalt: Dieses Argument basiert auf der Beobachtung, dass es eine Vielzahl von religiösen Überzeugungen und Gottesvorstellungen gibt. Es fragt, wie es möglich sein kann, dass unterschiedliche Religionen unterschiedliche Vorstellungen von Gott haben, wenn es tatsächlich einen einzigen Gott gibt.

Es ist wichtig anzumerken, dass diese Argumente nur eine Auswahl aus der umfangreichen philosophischen Diskussion über die Existenz Gottes darstellen. Es gibt viele weitere Argumente, Theorien und Ansätze, die in diesem Kontext diskutiert werden. Die Frage nach der Existenz Gottes bleibt ein zentrales Thema der Philosophie und regt zum Nachdenken, Debattieren und Reflektieren an.

Klassische Argumente für die Existenz Gottes sind in der Philosophie seit Jahrhunderten diskutiert worden. Diese Argumente beruhen auf logischen Überlegungen, Schlussfolgerungen aus der Beobachtung der Welt und metaphysischen Prinzipien. Hier sind einige der prominentesten klassischen Argumente:

Das kosmologische Argument: Das kosmologische Argument besagt, dass das Universum eine Ursache haben muss. Es argumentiert, dass alles, was existiert, eine Ursache hat und dass es daher eine ursprüngliche Ursache geben muss, die das Universum in Gang gesetzt hat. Diese ursprüngliche Ursache wird als Gott betrachtet.

Das teleologische Argument: Das teleologische Argument, auch bekannt als das Argument vom Design, beruht auf der Beobachtung der Ordnung, Komplexität und Zweckmäßigkeit in der Natur. Es besagt, dass die Existenz von Design und Zweckmäßigkeit in der Welt darauf hinweist, dass es einen intelligenten Schöpfer gibt, der diese Eigenschaften gezielt hervorgebracht hat.

Das ontologische Argument: Das ontologische Argument basiert auf der Idee, dass die bloße Vorstellung von Gott als dem vollkommensten Wesen seine Existenz beweist. Es argumentiert, dass die Vorstellung eines Wesens, das notwendigerweise existiert, notwendigerweise zu seiner tatsächlichen Existenz führt.

Das moralische Argument: Das moralische Argument besagt, dass die Existenz von objektiven moralischen Werten und Pflichten am besten durch die Existenz Gottes erklärt werden kann. Es argumentiert, dass die Existenz eines moralischen Gesetzesgeber notwendig ist, um die Existenz von objektiver Moral zu begründen.

Es ist wichtig anzumerken, dass diese Argumente unterschiedliche Ansätze und Herangehensweisen haben und kontinuierlich diskutiert und analysiert werden. Es gibt verschiedene Versionen und Variationen dieser Argumente, die von Philosophen im Laufe der Geschichte weiterentwickelt wurden. Kritiker haben jedoch auch Gegenargumente und Herausforderungen gegen diese klassischen Argumente vorgebracht, die ebenfalls berücksichtigt werden müssen. Die philosophische Diskussion über die Existenz Gottes ist komplex und fortwährend, und es gibt keine einheitliche Zustimmung oder Ablehnung dieser Argumente.

Die klassischen Argumente für die Existenz Gottes haben sowohl Befürworter als auch Kritiker gefunden. Eine kritische Betrachtung dieser Argumente beinhaltet die Bewertung ihrer

Stärken, Schwächen und ihrer Gültigkeit.

Eines der Hauptprobleme bei den klassischen Argumenten ist, dass sie auf logischen Schlussfolgerungen und metaphysischen Annahmen beruhen, die nicht immer eindeutig oder unbestreitbar sind. Die Argumente sind oft abhängig von bestimmten Voraussetzungen und Prämissen, die diskutiert und hinterfragt werden können.

Das kosmologische Argument zum Beispiel argumentiert, dass das Universum eine Ursache haben muss. Kritiker könnten einwenden, dass diese Annahme nicht zwingend auf einen göttlichen Ursprung hinweist, sondern auch auf andere Erklärungen wie multiverse Theorien oder naturwissenschaftliche Prinzipien zurückgeführt werden könnte.

Das teleologische Argument stützt sich auf die Beobachtung von Design und Zweckmäßigkeit in der Natur. Kritiker könnten argumentieren, dass diese Merkmale durch evolutionäre Prozesse und natürliche Selektion erklärt werden können, ohne dass ein intelligentes Wesen involviert sein muss. Sie könnten auch auf unvollkommene oder scheinbar sinnlose Aspekte der Natur hinweisen, die das Argument schwächen.

Das ontologische Argument basiert auf der Vorstellung, dass die bloße Vorstellung von Gott seine Existenz beweist. Kritiker könnten einwenden, dass das Vorstellen eines Wesens nicht automatisch seine tatsächliche Existenz begründet. Das ontologische Argument wird oft als sprachliches oder logisches Spiel angesehen, das keine direkte Relevanz für die reale Existenz Gottes hat.

Das moralische Argument behauptet, dass objektive moralische Werte eine göttliche Quelle haben. Kritiker könnten darauf hinweisen, dass moralische Werte auch auf andere Weise erklärt werden können, wie zum Beispiel durch evolutionäre Entwicklungen oder soziale Konventionen. Sie könnten auch auf moralische Dilemmata und kontroverse moralische Fragen hinweisen, die die Vorstellung einer absoluten und einheitlichen moralischen Quelle infrage stellen.

Es ist wichtig anzumerken, dass diese kritischen Betrachtungen nicht bedeuten, dass die Argumente ungültig sind oder vollständig widerlegt wurden. Vielmehr zeigen sie auf, dass die klassischen Argumente nicht unumstritten sind und verschiedene Interpretationen und Kontroversen hervorrufen können.

Die Gültigkeit der Argumente für die Existenz Gottes hängt von den individuellen Überzeugungen, philosophischen Positionen und weltanschaulichen Standpunkten ab. Einige Menschen finden diese Argumente überzeugend und unterstützen sie, während andere skeptisch bleiben oder alternative Erklärungen bevorzugen.

Die philosophische Diskussion über die Existenz Gottes ist komplex und anhaltend. Es ist wichtig, die Argumente kritisch zu prüfen, andere Perspektiven zu berücksichtigen und offen für den Dialog zu sein, um ein umfassenderes Verständnis zu entwickeln. Letztendlich bleibt die Frage nach der Existenz Gottes eine persönliche, individuelle und möglicherweise nicht endgültig beantwortbare Frage.

KAPITEL 4: DIE WISSENSCHAFTLICHE PERSPEKTIVE

Die Naturwissenschaften behandeln die Frage nach Gott auf ihre eigene Weise, die sich von der philosophischen oder theologischen Herangehensweise unterscheidet. Naturwissenschaften basieren auf empirischen Beobachtungen, Experimenten und der Anwendung von Methoden zur Erklärung und Vorhersage natürlicher Phänomene. Da Gott als übernatürliches Wesen betrachtet wird, fällt er nicht in den Bereich der empirischen Untersuchung und ist daher nicht direkt gegenstand wissenschaftlicher Forschung.

In diesem Sinne kann die Naturwissenschaft die Existenz Gottes weder beweisen noch widerlegen. Sie kann keine wissenschaftlich verifizierbaren Beweise für oder gegen die Existenz eines göttlichen Wesens liefern. Dies liegt daran, dass die wissenschaftliche Methode darauf abzielt, natürliche Phänomene aufgrund von Beobachtungen, Experimenten und wiederholbaren Ergebnissen zu erklären, während die Existenz Gottes eine metaphysische Fragestellung ist, die über den Bereich der Naturwissenschaften hinausgeht.

Es ist jedoch wichtig anzumerken, dass einige naturwissenschaftliche Erkenntnisse und Theorien bestimmte religiöse Überzeugungen herausfordern können. Zum Beispiel haben Entdeckungen in der Evolutionsbiologie und der Astronomie dazu geführt, dass sich einige religiöse

Vorstellungen über die Schöpfungsgeschichte und die Entstehung des Universums mit wissenschaftlichen Erklärungen auseinandersetzen müssen. Solche Spannungen zwischen religiösen Überzeugungen und wissenschaftlichen Erkenntnissen können zu Debatten und unterschiedlichen Interpretationen führen.

Es ist auch wichtig anzumerken, dass viele Wissenschaftler persönlich gläubig sein können und sowohl ihre wissenschaftliche Arbeit als auch ihren Glauben in Einklang bringen. Sie betrachten Naturwissenschaften und Religion als unterschiedliche Bereiche des Wissens, die verschiedene Fragen beantworten und unterschiedliche Aspekte der menschlichen Erfahrung ansprechen.

Insgesamt betrachten die Naturwissenschaften die Frage nach Gott nicht im Sinne eines direkten Beweises oder Widerlegung. Die Naturwissenschaften können uns jedoch ein besseres Verständnis des Universums und der natürlichen Prozesse liefern, die in ihm stattfinden. Sie bieten eine wissenschaftliche Grundlage für die Untersuchung der physikalischen und biologischen Welt, während die Frage nach Gott in den Bereich der Philosophie, Theologie und persönlichen Glaubensüberzeugungen fällt.

Die Frage der Vereinbarkeit von Wissenschaft und Religion ist ein langjähriger und kontinuierlicher Diskussionspunkt. Aufgrund der unterschiedlichen Herangehensweisen und Methoden der beiden Bereiche gibt es verschiedene Perspektiven und Standpunkte.

Einige argumentieren, dass Wissenschaft und Religion unvereinbar sind, da sie unterschiedliche Ansätze zur Wahrheitssuche verfolgen. Wissenschaft basiert auf empirischer Evidenz, Rationalität und methodischer Natur, während Religion oft auf Glauben, Offenbarung und metaphysischen Überzeugungen beruht. Diejenigen, die diese Position vertreten, sehen in wissenschaftlichen Erklärungen einen Grund zur

Ablehnung religiöser Überzeugungen und betrachten Religion als überholt oder irrationales Denken.

Auf der anderen Seite gibt es Stimmen, die betonen, dass Wissenschaft und Religion komplementäre Bereiche des menschlichen Wissens sind und unterschiedliche Aspekte der menschlichen Erfahrung ansprechen. Sie argumentieren, dass die Wissenschaft die natürliche Welt und ihre Funktionsweise erforscht, während Religion Fragen nach Sinn, Werten und Transzendenz behandelt. Für sie stehen Wissenschaft und Religion nicht im Widerspruch zueinander, sondern bieten verschiedene Zugänge zur Wahrheit und Erkenntnis.

Einige religiöse Traditionen haben versucht, wissenschaftliche Erkenntnisse in ihre Glaubenslehren zu integrieren. Dieser Ansatz, der oft als theologische oder religiöse Interpretation bezeichnet wird, zielt darauf ab, die Erkenntnisse der Wissenschaft mit den religiösen Schriften und Überzeugungen in Einklang zu bringen. Es wird argumentiert, dass wissenschaftliche Erkenntnisse und Entdeckungen uns helfen können, die Schöpfung Gottes besser zu verstehen und die Größe und Komplexität des Universums zu schätzen.

Es gibt auch viele Wissenschaftler, die persönlich religiös sind und ihren Glauben mit ihrer wissenschaftlichen Arbeit in Einklang bringen. Sie sehen keinen inhärenten Konflikt zwischen Wissenschaft und Religion, sondern betrachten sie als verschiedene Wege, die Welt zu erkunden und zu verstehen.

Es ist wichtig anzumerken, dass die Diskussion über die Vereinbarkeit von Wissenschaft und Religion komplex ist und von individuellen Überzeugungen, kulturellen Hintergründen und theologischen Standpunkten abhängt. Es gibt kein einheitliches Verständnis oder eine allgemein akzeptierte Antwort auf diese Frage. Die Beziehung zwischen Wissenschaft und Religion bleibt ein lebendiger Bereich des Dialogs, in dem verschiedene Perspektiven respektiert und untersucht werden können.

Aktuelle wissenschaftliche Erkenntnisse haben in einigen Bereichen Auswirkungen auf den Gottesglauben und haben zu neuen Fragen und Diskussionen geführt. Hier sind einige Beispiele für wissenschaftliche Erkenntnisse und ihre möglichen Implikationen:

Evolutionstheorie: Die Theorie der Evolution, die auf umfangreicher Evidenz aus verschiedenen wissenschaftlichen Disziplinen beruht, beschreibt den Prozess der biologischen Veränderung und Anpassung im Laufe der Zeit. Dies hat zu Diskussionen über die Schöpfungsgeschichte und die Vorstellung eines wörtlich verstandenen, sechstägigen Schöpfungsakts geführt. Einige Gläubige sehen die Evolution als den von Gott gewählten Mechanismus, um die Vielfalt des Lebens hervorzubringen, während andere eine konfliktreichere Sichtweise haben.

Kosmologie: Fortschritte in der Kosmologie und Astronomie haben unser Verständnis vom Ursprung und der Entwicklung des Universums erweitert. Zum Beispiel haben Theorien wie der Urknall und die Entdeckung der kosmischen Hintergrundstrahlung zu Fragen über den Ursprung des Universums geführt. Diese Erkenntnisse können zu Diskussionen darüber führen, wie ein göttlicher Schöpfer in diesen Prozess involviert sein könnte oder ob das Universum selbst ausreichend erklärt werden kann.

Neurologie und Bewusstseinsforschung: Fortschritte in der Neurowissenschaft haben unser Verständnis des menschlichen Bewusstseins und des Gehirns erweitert. Es gibt Diskussionen darüber, wie das Bewusstsein und die Erfahrung des Göttlichen zu erklären sind. Einige argumentieren, dass religiöse Erfahrungen auf neurologische und psychologische Faktoren zurückzuführen sind, während andere einen metaphysischen Aspekt betonen.

Multiverse-Theorien: In der theoretischen Physik gibt es verschiedene Modelle, die die Möglichkeit von Multiversen vorschlagen, also von vielen parallel existierenden Universen. Diese Idee hat zu Fragen geführt, wie ein göttliches Wesen in einem solchen Multiversum konzipiert werden könnte oder ob es eine bestimmte theologische Bedeutung hat.

Es ist wichtig anzumerken, dass wissenschaftliche Erkenntnisse nicht zwingend den Gottesglauben in Frage stellen oder widerlegen. Die Interpretation und Bedeutung dieser Erkenntnisse hängt von den individuellen Überzeugungen und dem theologischen Rahmen ab, in dem sie betrachtet werden.

Für viele Gläubige sind wissenschaftliche Entdeckungen und Theorien nicht im Widerspruch zum Glauben, sondern bieten Möglichkeiten, das Wirken Gottes in der Natur zu erkennen und zu schätzen. Andere können die Implikationen wissenschaftlicher Erkenntnisse kritisch hinterfragen und alternative Interpretationen oder theologische Perspektiven betrachten.

Insgesamt bleibt die Beziehung zwischen wissenschaftlichen Erkenntnissen und dem Gottesglauben ein komplexes und individuelles Thema, das von persönlichen Überzeugungen, theologischen Traditionen und kulturellen Kontexten beeinflusst wird. Es gibt keinen allgemeinen Konsens darüber, wie genau wissenschaftliche Erkenntnisse den Gottesglauben beeinflussen sollten, und die Diskussionen in diesem Bereich sind vielfältig und fortlaufend.

KAPITEL 5: DIE PERSÖNLICHE ERFAHRUNG

Individuelle Erfahrungen und spirituelle Erlebnisse spielen eine bedeutende Rolle in der Frage nach der Existenz Gottes und im Glauben an eine höhere Macht. Diese Erfahrungen können von Person zu Person stark variieren und umfassen eine Vielzahl von Phänomenen wie Gebetserhörungen, mystische Erlebnisse, Gefühle der Transzendenz oder der Nähe Gottes.

Für viele Menschen sind solche Erfahrungen persönliche Bestätigungen ihres Glaubens und dienen als Quelle der Inspiration, der Hoffnung und der spirituellen Verbindung. Sie können tiefe emotionale und psychologische Auswirkungen haben und das Gefühl vermitteln, dass es eine übernatürliche Dimension gibt, die über das rein Materielle hinausgeht.

Individuelle Erfahrungen können auch die Grundlage für das Vertrauen in den Glauben und die Überzeugung von der Existenz Gottes bilden. Sie können als Zeichen oder Offenbarungen interpretiert werden, die eine persönliche Beziehung zu Gott stärken und den Glauben festigen.

Es ist wichtig anzumerken, dass individuelle Erfahrungen und spirituelle Erlebnisse subjektiv sind und nicht immer objektiv nachvollzogen oder überprüft werden können. Sie können von verschiedenen Faktoren wie persönlichen Überzeugungen, kulturellem Hintergrund, Erziehung und psychologischem Zustand beeinflusst werden. Daher können diese Erfahrungen unterschiedlich interpretiert werden und zu unterschiedlichen Glaubensrichtungen oder spirituellen Traditionen führen.

Darüber hinaus kann es auch skeptische oder alternative Erklärungen für solche Erfahrungen geben, wie zum Beispiel psychologische oder neurologische Erklärungen. Diese Ansätze deuten darauf hin, dass spirituelle Erfahrungen auf biologische oder psychologische Prozesse zurückgeführt werden können, anstatt auf eine tatsächliche göttliche Intervention.

Die Bedeutung individueller Erfahrungen und spiritueller Erlebnisse in der Diskussion über die Existenz Gottes liegt darin, dass sie einen persönlichen Zugang zur Spiritualität bieten und eine subjektive Gewissheit oder Verbindung zu einer höheren Realität vermitteln können. Sie spielen eine wichtige Rolle bei der Bildung und Gestaltung des individuellen Glaubenssystems und können zu einer Quelle der Inspiration, des Trostes und der persönlichen Entwicklung werden.

Es ist wichtig, diese Erfahrungen mit anderen Erkenntnisquellen wie religiösen Schriften, philosophischen Argumenten und wissenschaftlichen Erkenntnissen in Beziehung zu setzen, um ein umfassenderes Verständnis der Frage nach der Existenz Gottes zu entwickeln. Letztendlich bleibt die Bedeutung individueller Erfahrungen und spiritueller Erlebnisse eine sehr persönliche und individuelle Angelegenheit, die in einem breiteren Kontext betrachtet werden sollte.

Berichte von Menschen, die Gott erfahren haben oder an seine Existenz glauben, sind weit verbreitet und spielen eine bedeutende Rolle in der Religionswissenschaft und in spirituellen Gemeinschaften. Solche Berichte spiegeln persönliche Erfahrungen wider, in denen Menschen von einer tiefen Verbindung zu etwas Größerem sprechen, sei es durch Gebet, Meditation, mystische Erfahrungen oder andere spirituelle Praktiken.

Diese Berichte können unterschiedliche Formen annehmen. Einige Menschen beschreiben beispielsweise intensive Gefühle der Liebe, des Friedens oder der Transzendenz, während andere von konkreten Begegnungen, Visionen oder göttlichen Eingriffen berichten. Oftmals wird in diesen Berichten betont, dass solche Erfahrungen das Leben der Menschen tiefgreifend verändert haben und ihnen ein tieferes Verständnis von sich selbst, anderen und dem Universum vermittelt haben.

Solche Berichte sind in verschiedenen religiösen Traditionen zu finden. Beispielsweise finden wir in der Christlichen Tradition Zeugnisse von Bekehrungen, in denen Menschen von einer plötzlichen und tiefgreifenden Begegnung mit Gott sprechen, die ihr Leben von Grund auf verändert hat. Auch in anderen Traditionen wie dem Buddhismus, dem Hinduismus, dem Islam und vielen indigenen Religionen gibt es Berichte von spirituellen Erfahrungen und Begegnungen mit dem Göttlichen.

Für diejenigen, die solche Erfahrungen machen, dienen sie oft als Bestätigung ihres Glaubens und stärken ihre Überzeugung von der Existenz Gottes oder einer höheren Macht. Solche Berichte können auch für andere Gläubige inspirierend sein und ihnen Hoffnung und Vertrauen in ihren eigenen Glaubensweg geben.

Es ist wichtig anzumerken, dass diese Berichte subjektiver Natur sind und für andere Menschen nicht zwangsläufig überzeugend oder nachvollziehbar sein können. Die Interpretation solcher Erfahrungen ist auch stark kulturell und individuell geprägt. Skeptiker können alternative Erklärungen anbieten, die auf psychologischen oder sozialen Faktoren beruhen, anstatt auf einer tatsächlichen göttlichen Erfahrung.

Die Berichte von Menschen, die Gott erfahren haben oder an seine Existenz glauben, tragen zur Vielfalt der Glaubenserfahrungen bei und können zu einer reichhaltigen und nuancierten Diskussion über die Spiritualität und die Frage nach der Existenz Gottes beitragen. Sie sind ein wichtiger Aspekt des religiösen Lebens und der persönlichen Glaubenspraxis und sollten mit Respekt und

Offenheit betrachtet werden.

Eine kritische Analyse von persönlichen Erfahrungen als Beweis für die Existenz Gottes erfordert eine sorgfältige Betrachtung der zugrunde liegenden Annahmen und der methodischen Herangehensweise. Hier sind einige Aspekte, die bei einer solchen Analyse berücksichtigt werden können:

Subjektivität: Persönliche Erfahrungen sind per Definition subjektiv. Sie basieren auf individuellen Wahrnehmungen, Interpretationen und Empfindungen, die von Person zu Person unterschiedlich sein können. Das bedeutet, dass eine Erfahrung für eine Person überzeugend sein kann, aber für eine andere nicht.

Kulturelle und religiöse Einflüsse: Persönliche Erfahrungen werden auch von kulturellen und religiösen Hintergründen beeinflusst. Glaubensüberzeugungen, soziale Normen und kulturelle Erwartungen können das Erleben und die Interpretation von Erfahrungen prägen. Daher ist es wichtig zu erkennen, dass persönliche Erfahrungen stark kontextabhängig sind.

Andere Erklärungen: Persönliche Erfahrungen als Beweis für Gott müssen auch andere mögliche Erklärungen in Betracht ziehen. Psychologische oder neurologische Erklärungen könnten alternative Interpretationen bieten, bei denen die Erfahrung auf individuellen psychologischen oder biologischen Faktoren beruht, anstatt auf einer tatsächlichen göttlichen Intervention.

Widersprüchliche Erfahrungen: Es gibt Menschen, die von gegensätzlichen oder widersprüchlichen persönlichen Erfahrungen berichten. Einige behaupten, Gott erlebt zu haben, während andere keine solchen Erfahrungen gemacht haben oder sogar negative Erfahrungen gemacht haben, die ihren Glauben in Frage stellen. Dies wirft Fragen nach der Zuverlässigkeit und Konsistenz solcher Erfahrungen auf.

Verifikation und Reproduzierbarkeit: Persönliche Erfahrungen als

Beweis für Gott sind nicht verifizierbar oder reproduzierbar im wissenschaftlichen Sinne. Sie können nicht von anderen Menschen unabhängig überprüft oder nachgestellt werden, was die Objektivität und Verlässlichkeit solcher Erfahrungen in Frage stellt.

Eine kritische Analyse bedeutet jedoch nicht, persönliche Erfahrungen pauschal abzulehnen oder ihre Bedeutung zu negieren. Sie erfordert lediglich eine umfassendere Betrachtung und die Anerkennung ihrer Begrenzungen. Persönliche Erfahrungen können für Einzelpersonen von großer Bedeutung sein, da sie eine subjektive Gewissheit und Inspiration bieten können. Dennoch sollten sie nicht als alleiniger oder objektiver Beweis für die Existenz Gottes betrachtet werden, sondern als Teil eines umfassenderen Diskurses, der theologische, philosophische und wissenschaftliche Argumente umfasst.

KAPITEL 6: ATHEISTISCHE POSITIONEN

Die Untersuchung des Atheismus und seiner Argumente gegen die Existenz Gottes ist ein wichtiger Teil der Debatte um die Frage nach der Existenz Gottes. Atheismus bezeichnet im Allgemeinen die Überzeugung, dass es keinen Gott oder keine Götter gibt. Atheisten lehnen die Vorstellung einer höheren Macht oder eines göttlichen Wesens ab und argumentieren auf unterschiedliche Weise gegen den Glauben an Gott.

Ein zentrales Argument des Atheismus ist das Argument der fehlenden Beweise. Atheisten argumentieren, dass es keine überzeugenden empirischen Beweise für die Existenz Gottes gibt und dass daher der Glaube an Gott unbegründet ist. Sie fordern evidenzbasierte Ansätze und verweisen darauf, dass viele der traditionellen Argumente für die Existenz Gottes (wie das kosmologische Argument oder das teleologische Argument) logische oder epistemische Lücken aufweisen.

Ein weiteres Argument des Atheismus ist das Problem des Bösen und des Leidens. Atheisten weisen darauf hin, dass das Vorhandensein von Leid und Ungerechtigkeit in der Welt im Widerspruch zur Vorstellung eines allmächtigen und allgütigen Gottes steht. Sie argumentieren, dass ein solcher Gott entweder nicht existiert oder nicht die Eigenschaften besitzt, die ihm traditionell zugeschrieben werden.

Atheisten betonen auch den Einfluss von Naturwissenschaften

und Rationalität bei der Beurteilung der Frage nach der Existenz Gottes. Sie argumentieren, dass die Erklärungen der Naturwissenschaften für die Entstehung und Entwicklung des Universums und des Lebens eine Alternative zu religiösen Erklärungen bieten. Sie sehen Religion als eine menschliche Konstruktion und betrachten naturwissenschaftliche Erklärungen als rationale und empirisch fundierte Ansätze zur Erklärung der Welt.

Es ist wichtig anzumerken, dass es innerhalb des Atheismus verschiedene Strömungen und Überzeugungen gibt, und nicht alle Atheisten verwenden dieselben Argumente oder vertreten dieselben Standpunkte. Es gibt philosophische Atheisten, die die Existenz Gottes grundsätzlich ablehnen, und agnostische Atheisten, die die Frage nach der Existenz Gottes als unentscheidbar betrachten.

Die Untersuchung des Atheismus und seiner Argumente gegen die Existenz Gottes erweitert den Diskurs über die Frage nach Gott und fördert eine kritische Auseinandersetzung mit dem Glauben und religiösen Überzeugungen. Sie lädt Gläubige dazu ein, ihre eigenen Glaubensgrundlagen zu hinterfragen und mögliche Antworten auf die Argumente des Atheismus zu finden.

Eine kritische Auseinandersetzung mit häufigen atheistischen Standpunkten erfordert eine sorgfältige Analyse der Argumente und Annahmen, die sie unterstützen. Hier sind einige Aspekte, die bei einer solchen Auseinandersetzung berücksichtigt werden können:

Die Grenzen der Wissenschaft: Atheisten betonen oft die Bedeutung der Naturwissenschaften bei der Beurteilung der Existenz Gottes. Es ist jedoch wichtig zu erkennen, dass die Naturwissenschaften bestimmte methodologische Grenzen haben. Sie können physische Phänomene und natürliche Prozesse untersuchen, aber sie sind nicht in der Lage, metaphysische

Fragen zu beantworten. Das heißt, sie können nicht direkt über die Existenz oder Nichtexistenz eines göttlichen Wesens urteilen.

Das Problem des Beweislastumkehr: Atheisten argumentieren häufig, dass Gläubige die Beweislast tragen, um die Existenz Gottes zu rechtfertigen. Es ist jedoch wichtig zu beachten, dass die Frage nach der Existenz Gottes eine philosophische und metaphysische Fragestellung ist, die sich nicht einfach durch empirische Beweise allein beantworten lässt. Die Beweislast sollte in beide Richtungen gleichermaßen betrachtet werden.

Der Glaube an das Nichtexistente: Atheisten behaupten oft, dass der Glaube an Gott unbegründet ist, da es keine überzeugenden Beweise für seine Existenz gibt. Es ist jedoch wichtig zu erkennen, dass die Abwesenheit von Beweisen nicht automatisch die Nichtexistenz eines Phänomens beweist. Die Frage nach der Existenz Gottes betrifft fundamentale Fragen der Existenz, der Transzendenz und des Bewusstseins, die jenseits der Reichweite empirischer Beweise liegen können.

Das Problem des Bösen und des Leidens: Das Problem des Bösen und des Leidens in der Welt wird oft als Argument gegen die Existenz Gottes angeführt. Es ist wichtig zu beachten, dass Theodizee-Fragen komplexe philosophische und theologische Fragen sind, die keinen einfachen Antworten unterliegen. Es gibt verschiedene theologische Ansätze, um das Problem des Bösen zu erklären, wie zum Beispiel die Idee des freien Willens oder die Möglichkeit der moralischen Entwicklung durch Leiden.

Die Rolle persönlicher Erfahrungen: Atheisten neigen dazu, persönliche Erfahrungen als nicht überzeugend für die Existenz Gottes abzutun. Es ist jedoch wichtig zu erkennen, dass persönliche Erfahrungen für den Einzelnen von großer Bedeutung sein können und eine subjektive Gewissheit oder Verbindung zu einer höheren Realität vermitteln können. Auch wenn persönliche Erfahrungen nicht als objektive Beweise betrachtet werden können, sollten sie als Teil des umfassenderen Diskurses über die Existenz Gottes berücksichtigt werden.

Eine kritische Auseinandersetzung mit atheistischen Standpunkten erfordert Offenheit, intellektuelle Redlichkeit und die Bereitschaft, verschiedene Perspektiven zu berücksichtigen. Sie kann dazu beitragen, sowohl den eigenen Glauben zu festigen als auch das Verständnis für andere Standpunkte zu erweitern. Es ist wichtig, dass diese Auseinandersetzung in einem respektvollen und konstrukt.

Die Diskussion über die Natur des Glaubens und alternative Erklärungsmodelle ist ein wichtiger Aspekt der Auseinandersetzung mit der Frage nach der Existenz Gottes. Hierbei werden verschiedene Ansätze und Theorien untersucht, die den Glauben und seine Bedeutung erklären können, ohne dabei auf ein göttliches Wesen zurückzugreifen.

Psychologische Ansätze: Psychologische Erklärungsmodelle betrachten den Glauben als Ergebnis individueller psychologischer Prozesse. Sie betonen die menschliche Neigung zur Suche nach Sinn und Bedeutung sowie die Rolle von Überzeugungen, Erfahrungen und sozialen Einflüssen bei der Bildung von Glaubenssystemen. Psychologische Ansätze können verschiedene Aspekte des Glaubens erklären, wie zum Beispiel das Bedürfnis nach Trost, Sicherheit oder sozialer Bindung.

Soziologische Ansätze: Soziologische Ansätze betrachten den Glauben als Ergebnis sozialer und kultureller Faktoren. Sie betonen die Bedeutung von Religion als soziales Konstrukt und untersuchen, wie religiöse Überzeugungen und Praktiken in einer Gemeinschaft entstehen, weitergegeben und institutionalisiert werden. Soziologische Ansätze können die Funktionen von Religion in der Gesellschaft, ihre Rolle bei der Identitätsbildung und sozialen Integration sowie ihre Beziehung zu Machtstrukturen analysieren.

Anthropologische Ansätze: Anthropologische Ansätze betrachten den Glauben als universales Phänomen, das in verschiedenen Kulturen und Gesellschaften existiert. Sie untersuchen die kulturelle Vielfalt religiöser Überzeugungen und Praktiken und suchen nach gemeinsamen Mustern und Merkmalen. Anthropologische Ansätze können die Rolle von Religion bei der Bewältigung existenzieller Fragen, der Erklärung von Naturphänomenen oder der Verbindung zu einer transzendenten Realität untersuchen.

Philosophische Ansätze: Philosophische Ansätze bieten verschiedene Denkmodelle und Theorien, um den Glauben zu erklären. Sie können sich mit Fragen der Epistemologie (wie wir Wissen erlangen), der Metaphysik (der Natur der Realität) und der Ethik (moralische Grundlagen) befassen. Philosophische Ansätze können alternative Erklärungen für religiöse Erfahrungen, das Verhältnis von Glauben und Vernunft oder das Problem des Bösen und des Leidens bieten.

Die Diskussion über die Natur des Glaubens und alternative Erklärungsmodelle erweitert den Blickwinkel und fördert ein umfassenderes Verständnis von Religion und Glauben. Sie ermöglicht es, den Glauben nicht ausschließlich als Frage der Existenz Gottes zu betrachten, sondern auch als menschliches Phänomen, das in verschiedenen Kontexten und auf unterschiedliche Weisen interpretiert werden kann. Diese Diskussion bietet Raum für Reflexion, Dialog und den Austausch verschiedener Perspektiven, was zu einer reichhaltigeren und tiefgründigeren Auseinandersetzung mit dem Thema führen kann.

KAPITEL 7: RELIGIÖSE OFFENBARUNGEN UND SCHRIFTEN

Die Untersuchung der Rolle von Offenbarungen und heiligen Schriften in verschiedenen Religionen ist von zentraler Bedeutung, um das Verständnis und die Praktiken der jeweiligen Glaubensgemeinschaften zu erfassen. Offenbarungen werden oft als göttliche Mitteilungen oder Enthüllungen betrachtet, die den Gläubigen wichtige spirituelle Lehren und moralische Richtlinien vermitteln. Heilige Schriften sind schriftliche Aufzeichnungen oder Zusammenstellungen solcher Offenbarungen und haben in den Religionen eine fundamentale Rolle als Quellen des Glaubens, der Ethik und der rituellen Praxis.

In den verschiedenen Religionen gibt es eine Vielzahl von Offenbarungen und heiligen Schriften. Im Judentum sind die Tora, die Prophetenbücher und weitere Texte wie der Talmud von großer Bedeutung. Im Christentum sind die Bibel, bestehend aus dem Alten und dem Neuen Testament, grundlegend. Im Islam gilt der Koran als das unmittelbare Wort Gottes, das durch den Propheten Mohammed offenbart wurde. Hinduismus und Buddhismus haben eine reiche Sammlung von Schriften wie die Veden, die Upanishaden, die Bhagavad Gita und die Tripitaka, die buddhistischen Kanons.

Die heiligen Schriften erfüllen verschiedene Funktionen innerhalb der Religionen. Sie dienen als Grundlage für den Glauben, indem sie die grundlegenden theologischen Konzepte,

Lehren und Geschichten vermitteln. Sie fungieren als ethische Leitlinien und geben Anweisungen für ein moralisches Leben. Sie bieten spirituelle Inspiration und dienen als Quelle der Meditation und des Gebets. Darüber hinaus fungieren sie als historische und kulturelle Dokumente, die die Identität einer Religionsgemeinschaft formen und über Generationen hinweg weitergegeben werden.

Die Untersuchung der heiligen Schriften erfordert eine sorgfältige hermeneutische und historische Analyse. Es ist wichtig, den historischen Kontext, die kulturellen Einflüsse und die literarischen Merkmale der Texte zu berücksichtigen. Unterschiedliche religiöse Traditionen haben auch unterschiedliche Ansätze zur Interpretation und Autorität ihrer Schriften. Es gibt interpretative Traditionen, Kommentare und theologische Diskurse, die im Laufe der Zeit entstanden sind und die Interpretation der Schriften beeinflussen.

Die Untersuchung der Rolle von Offenbarungen und heiligen Schriften in verschiedenen Religionen ermöglicht es, die Grundlagen des Glaubens und die Vielfalt der religiösen Überzeugungen und Praktiken besser zu verstehen. Sie zeigt auch die Dynamik der religiösen Traditionen auf und wie sich die Interpretation und Bedeutung der heiligen Schriften im Laufe der Zeit entwickeln können. Diese Untersuchung lädt zu einem respektvollen Dialog zwischen den Religionen ein und fördert das gegenseitige Verständnis und den interreligiösen Austausch.

Die Bewertung der Glaubwürdigkeit und Autorität religiöser Texte ist ein komplexes Thema, das verschiedene Perspektiven und Kriterien berücksichtigt. Hier sind einige Aspekte, die bei dieser Bewertung eine Rolle spielen können:

Historischer Kontext: Es ist wichtig, den historischen Kontext zu berücksichtigen, in dem die religiösen Texte entstanden sind. Dies umfasst Fragen nach den Autoren, der Entstehungszeit, den sozialen und kulturellen Bedingungen sowie den Überlieferungs- und Redaktionsprozessen. Die Kenntnis des historischen Hintergrunds kann helfen, die Texte besser zu verstehen und ihre Glaubwürdigkeit zu bewerten.

Quellenkritik: Die Quellenkritik befasst sich mit der Untersuchung der Textquellen und ihrer Zuverlässigkeit. Dies umfasst Fragen nach den Quellen, auf die sich die Texte stützen, sowie nach ihrer Authentizität, Überlieferungsgeschichte und eventuellen Veränderungen im Laufe der Zeit. Die Quellenkritik versucht, die Genauigkeit und Zuverlässigkeit der Texte zu beurteilen.

Inhaltliche Konsistenz: Die inhaltliche Konsistenz der religiösen Texte spielt eine wichtige Rolle bei der Bewertung ihrer Glaubwürdigkeit. Es wird darauf geachtet, ob die Texte in sich selbst kohärent sind und keine widersprüchlichen Aussagen enthalten. Die Analyse von Themen, Lehren und ethischen Prinzipien kann helfen, die inhaltliche Konsistenz zu beurteilen.

Archäologische und historische Evidenz: Archäologische und historische Evidenz kann dazu beitragen, die Glaubwürdigkeit religiöser Texte zu unterstützen oder zu widerlegen. Wenn archäologische Funde oder historische Aufzeichnungen die Beschreibungen oder Ereignisse in den Texten bestätigen, kann dies ihre Glaubwürdigkeit stärken. Umgekehrt können fehlende Evidenz oder Widersprüche zu Zweifeln an der historischen Genauigkeit führen.

Interpretative Traditionen und Glaubensgemeinschaften: Die Autorität religiöser Texte wird oft durch interpretative Traditionen und Glaubensgemeinschaften vermittelt. Die Auslegung der Texte und die Zuweisung von Autorität können von religiösen Führern, Theologen oder bestimmten Glaubensgemeinschaften beeinflusst werden. Die Bewertung der Glaubwürdigkeit der Texte kann daher auch von der Position und dem Glaubenskontext des Betrachters abhängen.

Es ist wichtig zu betonen, dass die Bewertung der

Glaubwürdigkeit religiöser Texte sowohl eine intellektuelle als auch eine persönliche Angelegenheit ist. Verschiedene Menschen können zu unterschiedlichen Schlussfolgerungen kommen, basierend auf ihren eigenen Überzeugungen, Erfahrungen und Bewertungskriterien. Es ist daher sinnvoll, einen offenen und respektvollen Dialog zu führen und verschiedene Perspektiven zu berücksichtigen, um ein umfassenderes Verständnis der Glaubwürdigkeit und Autorität religiöser Texte zu erreichen.

Die Bedeutung von Offenbarungen für den Gottesglauben ist von zentraler Bedeutung in vielen religiösen Traditionen. Eine Offenbarung wird als eine göttliche Mitteilung oder Enthüllung betrachtet, bei der Gott sich den Menschen auf besondere Weise offenbart. Sie wird als direkte Kommunikation zwischen dem Göttlichen und dem Menschen angesehen und trägt zur Formung und Stärkung des Glaubens bei. Hier sind einige Aspekte, die die Bedeutung von Offenbarungen für den Gottesglauben verdeutlichen:

Erkenntnis Gottes: Durch Offenbarungen erhalten Gläubige Einblicke in die Natur, die Eigenschaften und den Charakter Gottes. Sie ermöglichen es den Menschen, Gott besser zu verstehen und eine persönliche Beziehung zu ihm aufzubauen. Offenbarungen können den Glauben an einen transzendenten und allmächtigen Gott stärken und das Vertrauen in seine Weisheit und Führung fördern.

Orientierung und moralische Leitlinien: Offenbarungen enthalten oft ethische Prinzipien und moralische Richtlinien, die den Menschen helfen, ein rechtschaffenes Leben zu führen. Sie bieten Leitlinien für das Handeln, die zwischenmenschlichen Beziehungen und das Streben nach moralischer Vollkommenheit. Offenbarungen können als Quelle der Inspiration und des moralischen Kompasses dienen, der die Entscheidungen und Handlungen der Gläubigen beeinflusst.

Religiöse Identität und Gemeinschaft: Offenbarungen spielen eine wichtige Rolle bei der Bildung der religiösen Identität und der Stärkung der Gemeinschaft. Sie vermitteln den Gläubigen eine gemeinsame Grundlage des Glaubens und dienen als Grundlage für theologische Lehren, Rituale und Bräuche. Offenbarungen fördern den Zusammenhalt innerhalb der Glaubensgemeinschaft und ermöglichen es den Gläubigen, ihre spirituellen Erfahrungen und Überzeugungen miteinander zu teilen.

Trost und Hoffnung: Offenbarungen können den Gläubigen Trost und Hoffnung in schwierigen Zeiten bieten. Sie vermitteln die Botschaft von Gottes Liebe, Fürsorge und dem Versprechen eines ewigen Lebens. Offenbarungen können den Glaubenden helfen, mit Leid, Schmerz und Unsicherheit umzugehen, indem sie ihnen eine übernatürliche Perspektive und eine Quelle der Hoffnung bieten.

Es ist wichtig zu beachten, dass die Bedeutung von Offenbarungen für den Gottesglauben von Religion zu Religion unterschiedlich sein kann. In einigen Traditionen spielen bestimmte Offenbarungen eine zentrale Rolle, während andere Religionen offen für verschiedene Arten von Offenbarungen sind. Die Interpretation und Bedeutung von Offenbarungen kann auch von individuellen Gläubigen und theologischen Schulen innerhalb einer Religion variieren.

Insgesamt bieten Offenbarungen den Gläubigen eine Quelle des Wissens, der Orientierung und der spirituellen Erfahrung. Sie fördern den Gottesglauben, stärken die religiöse Identität und beeinflussen das Denken, Handeln und die Werte der Gläubigen. Die Anerkennung und Interpretation von Offenbarungen kann jedoch von individuellen Überzeugungen, kulturellen Kontexten und dem intellektuellen Diskurs beeinflusst werden.

KAPITEL 8: ETHIK UND RELIGION

Die Verbindung zwischen ethischen Prinzipien und religiösem Glauben ist in vielen religiösen Traditionen eng verwoben. Religionen bieten oft ethische Leitlinien, die auf ihren heiligen Schriften, moralischen Vorstellungen und göttlichen Geboten basieren. Hier sind einige Aspekte, die die Verbindung zwischen ethischen Prinzipien und religiösem Glauben verdeutlichen:

Göttliche Gebote: Viele religiöse Traditionen betrachten ethische Prinzipien als göttliche Gebote, die von einer übernatürlichen Autorität stammen. Gläubige glauben, dass diese Gebote von Gott oder göttlichen Wesen gegeben wurden und daher verbindlich sind. Sie betrachten die Einhaltung dieser Gebote als Ausdruck ihrer Loyalität und Hingabe gegenüber Gott.

Moralische Richtlinien: Religionen bieten oft moralische Richtlinien, die den Gläubigen helfen, zwischen richtigem und falschem Verhalten zu unterscheiden. Diese Richtlinien basieren auf moralischen Werten wie Liebe, Mitgefühl, Gerechtigkeit, Ehrlichkeit und Barmherzigkeit. Sie dienen als Anleitung für das Handeln in verschiedenen Lebensbereichen, wie zum Beispiel in zwischenmenschlichen Beziehungen, Wirtschaft, Politik und Umweltverantwortung.

Belohnung und Bestrafung: In vielen religiösen Vorstellungen gibt es eine Verbindung zwischen ethischem Verhalten und den Konsequenzen im Leben nach dem Tod. Gläubige glauben, dass das Einhalten der ethischen Prinzipien mit Belohnungen im Jenseits verbunden ist, wie zum Beispiel dem Eintritt ins Paradies oder der Erlangung von spiritueller Vollkommenheit. Umgekehrt wird das Verstoßen gegen diese Prinzipien mit Bestrafungen oder spirituellen Verlusten assoziiert.

Entwicklung der moralischen Tugenden: Religiöser Glaube kann auch die Entwicklung moralischer Tugenden fördern. Gläubige betrachten ethisches Verhalten nicht nur als äußere Pflicht, sondern auch als eine Möglichkeit, sich spirituell zu entwickeln und moralisch zu reifen. Tugenden wie Mitgefühl, Geduld, Vergebung und Selbstlosigkeit werden oft als erstrebenswerte Qualitäten angesehen, die durch den Glauben und die Ausübung religiöser Praktiken gefördert werden.

Gemeinschaft und soziale Verantwortung: Religiöser Glaube betont oft die Bedeutung der Gemeinschaft und der sozialen Verantwortung. Ethische Prinzipien werden oft in Bezug auf die zwischenmenschlichen Beziehungen und das gemeinschaftliche Zusammenleben interpretiert. Religionen ermutigen zur Fürsorge für Bedürftige, zur Bekämpfung von Ungerechtigkeit und zur Förderung des Gemeinwohls. Gläubige werden ermutigt, ethische Prinzipien in ihrem täglichen Leben umzusetzen und die Welt zum Besseren zu verändern.

Es ist wichtig zu beachten, dass die Verbindung zwischen ethischen Prinzipien und religiösem Glauben in verschiedenen Religionen und Glaubensrichtungen unterschiedlich sein kann. Es gibt eine Vielfalt von ethischen Theorien und Ansätzen innerhalb religiöser Traditionen, die auf unterschiedlichen theologischen Überlegungen und Interpretationen beruhen.

Die Diskussion über moralische Werte und ihre Herkunft ist ein zentrales Thema in der Ethik und der philosophischen Betrachtung von Moral. Es gibt verschiedene Ansätze und Standpunkte, die die Frage nach der Grundlage und dem Ursprung moralischer Werte erforschen. Hier sind einige Aspekte, die in dieser Diskussion berücksichtigt werden:

Religiöse Quellen: Eine häufige Ansicht ist, dass moralische Werte aus religiösen Quellen stammen. Gläubige betrachten die göttliche Offenbarung, religiöse Schriften und religiöse Autoritäten als Quellen moralischer Gebote und Prinzipien. Sie glauben, dass moralische Werte von einem übernatürlichen Wesen oder einer transzendenten Realität vorgegeben werden und daher objektiv und absolut sind.

Natürliche Quellen: Ein anderer Standpunkt betont natürliche Quellen als Grundlage für moralische Werte. Dieser Ansatz argumentiert, dass moralische Werte aus den natürlichen Bedingungen des menschlichen Lebens und der sozialen Interaktion abgeleitet werden können. Beispiele für solche Quellen sind das Empfinden von Empathie, das Streben nach Wohlbefinden und die Entwicklung sozialer Normen, um das Zusammenleben in Gemeinschaften zu erleichtern.

Kulturelle und gesellschaftliche Konstruktion: Ein weiterer Ansatz argumentiert, dass moralische Werte kulturelle und gesellschaftliche Konstruktionen sind. Dies bedeutet, dass moralische Werte und Normen durch den Einfluss der jeweiligen Kultur, Traditionen, Erziehung und gesellschaftlichen Vereinbarungen geprägt werden. Moralische Werte können demnach variieren und in verschiedenen Kulturen unterschiedlich sein.

Evolutionäre Perspektive: Eine evolutionäre Perspektive sieht moralische Werte als Ergebnis des evolutionären Prozesses. Dieser Ansatz argumentiert, dass moralische Normen und Werte sich im Laufe der Zeit entwickelt haben, um das Überleben und das Wohlergehen der Gemeinschaften zu fördern. Eine solche Perspektive untersucht beispielsweise das Verhalten sozialer Tiere oder den Einfluss von Zusammenarbeit und Empathie auf die menschliche Evolution.

Es ist wichtig zu beachten, dass diese Ansätze nicht zwangsläufig gegensätzlich sind und sich auch kombinieren lassen. Oft beeinflussen sich religiöse, natürliche, kulturelle und evolutionäre Faktoren gegenseitig bei der Entstehung moralischer Werte. Die Diskussion über die Herkunft moralischer Werte ist komplex und fortlaufend, und es gibt keine einheitliche Antwort auf diese Frage. Verschiedene philosophische Schulen und Traditionen bieten unterschiedliche Perspektiven und Theorien, um diese Diskussion zu bereichern und zu vertiefen.

Die Bedeutung von Religion für die Entwicklung moralischer Standards ist ein lang diskutiertes Thema. Religion spielt eine wichtige Rolle bei der Entstehung, Förderung und Aufrechterhaltung moralischer Werte und Normen in vielen Gesellschaften. Hier sind einige Aspekte, die die Bedeutung von Religion für die Entwicklung moralischer Standards verdeutlichen:

Göttliche Autorität: In vielen religiösen Traditionen werden moralische Standards als von einer göttlichen Autorität gegeben angesehen. Gläubige betrachten moralische Gebote und Prinzipien als von einem übernatürlichen Wesen oder einer transzendenten Quelle vorgegeben. Diese göttliche Autorität verleiht den moralischen Standards eine objektive und verbindliche Natur.

Heilige Schriften und religiöse Traditionen: Religionen verfügen über heilige Schriften, in denen moralische Lehren und Gebote niedergelegt sind. Diese Schriften dienen als Quelle der Inspiration, der ethischen Richtlinien und der moralischen Werte. Sie bieten einen Rahmen für das moralische Verständnis und das Handeln der Gläubigen. Religiöse Traditionen tragen zur Weitergabe moralischer Standards von Generation zu Generation bei.

Spirituelle Motivation: Religion bietet oft eine spirituelle Motivation, moralisch zu handeln. Die Vorstellung von Belohnungen und Bestrafungen im Jenseits oder von spirituellem Wachstum und Erlösung motiviert Gläubige, ethische Prinzipien zu befolgen und moralisch verantwortlich zu handeln. Die spirituelle Dimension des Glaubens kann eine tiefgreifende Wirkung auf das moralische Bewusstsein und die Entscheidungsfindung haben.

Gemeinschaft und soziale Verantwortung: Religion fördert oft das Gemeinschaftsgefühl und die soziale Verantwortung. Religiöse Gemeinschaften ermutigen zur Fürsorge für Bedürftige, zur Unterstützung der Gemeinschaft und zur Bekämpfung von Ungerechtigkeit. Durch gemeinsame Rituale, Gebete und soziale Aktivitäten werden moralische Werte gefestigt und in das Gemeinschaftsleben integriert.

Reflexion und Selbstkontrolle: Religiöse Praktiken, wie Gebet, Meditation oder Bußübungen, bieten Gläubigen Möglichkeiten zur Selbstreflexion und Selbstkontrolle. Indem sie sich mit moralischen Werten und Geboten auseinandersetzen, können Gläubige ihre eigenen Handlungen und Einstellungen überprüfen und anpassen. Dies fördert die persönliche Entwicklung und das Streben nach moralischer Vollkommenheit.

Es ist wichtig zu beachten, dass die Bedeutung von Religion für die Entwicklung moralischer Standards von Kultur zu Kultur und von religiöser Tradition zu religiöser Tradition variieren kann. Nichtreligiöse Ethiken und philosophische Ansätze bieten ebenfalls alternative Grundlagen für moralisches Denken und Handeln. Die Diskussion über die Rolle der Religion bei der Entwicklung moralischer Standards ist ein dynamischer und fortlaufender Prozess, der sowohl theologische als auch philosophische Überlegungen einbezieht.

KAPITEL 9: AGNOSTIZISMUS UND ZWEIFEL

Der Agnostizismus ist eine philosophische Position, die zwischen Glauben und Unglauben steht. Agnostiker betrachten die Frage nach der Existenz Gottes als unentscheidbar oder als etwas, das nicht mit Sicherheit beantwortet werden kann. Sie halten es für unmöglich, definitives Wissen über die Existenz oder Nichtexistenz Gottes zu erlangen.

Die Agnostizismus-Position beruht auf mehreren Überlegungen:

Grenzen menschlichen Wissens: Agnostiker erkennen an, dass das menschliche Wissen begrenzt ist. Sie argumentieren, dass die Frage nach der Existenz Gottes jenseits unserer kognitiven Fähigkeiten und des aktuellen Erkenntnisstandes liegt. Agnostiker betonen, dass es keine überzeugenden Beweise oder schlüssigen Argumente gibt, die eine endgültige Antwort auf diese Frage liefern können.

Unzugänglichkeit transzendenter Realitäten: Agnostiker behaupten, dass transzendente Realitäten, zu denen auch eine göttliche Entität gehört, außerhalb der Erfahrbarkeit und Beobachtbarkeit durch menschliche Sinne oder wissenschaftliche Methoden liegen. Sie argumentieren, dass die Natur Gottes oder einer transzendenten Realität so beschaffen ist, dass sie sich dem menschlichen Verstand entzieht.

Vielfalt religiöser Überzeugungen: Agnostiker weisen auf die

Vielfalt religiöser Überzeugungen und Glaubenssysteme hin, die in der Welt existieren. Sie betrachten diese Vielfalt als Hinweis darauf, dass es keine eindeutige oder allgemein gültige Antwort auf die Frage nach der Existenz Gottes gibt. Jede religiöse Tradition beansprucht ihre eigene Wahrheit und ihre eigenen Rechtfertigungen.

Ethik und Lebensführung: Agnostiker konzentrieren sich oft auf ethische Überlegungen und persönliche Lebensführung anstelle des Glaubens an eine höhere Macht. Sie legen Wert auf rational begründete moralische Prinzipien und leben nach persönlichen Überzeugungen und Werten, ohne sich auf eine religiöse Autorität oder Offenbarung zu stützen.

Es ist wichtig zu beachten, dass Agnostizismus keine einheitliche Position ist und in verschiedene Ausprägungen unterteilt werden kann. Einige Agnostiker können dazu tendieren, sich in ihrem Denken und Handeln eher dem Atheismus anzunähern, während andere eine offenere Haltung gegenüber religiösen Fragen bewahren und möglicherweise sogar für die Möglichkeit einer höheren Macht offen bleiben.

Der Agnostizismus ermutigt zur kritischen Reflexion, zum Respekt vor unterschiedlichen Überzeugungen und zur Bereitschaft, Unsicherheiten und Grenzen menschlichen Wissens anzuerkennen. Er bietet eine alternative Perspektive, die Raum für individuelle Interpretationen und Fragen lässt, ohne sich definitiv für Glauben oder Unglauben zu entscheiden.

Der Umgang mit Zweifeln und Unsicherheiten bezüglich der Existenz Gottes ist eine persönliche und individuelle Angelegenheit. Es gibt verschiedene Ansätze und Strategien, die Menschen anwenden, um mit ihren Zweifeln umzugehen und ihre Unsicherheiten zu bewältigen. Hier sind einige Aspekte, die bei der Auseinandersetzung mit Zweifeln und Unsicherheiten hilfreich sein können:

Offene Kommunikation: Es kann hilfreich sein, über Zweifel und Unsicherheiten bezüglich des Glaubens mit anderen Menschen zu sprechen. Das Teilen von Gedanken und Erfahrungen mit vertrauten Personen, spirituellen Mentoren oder religiösen Gemeinschaften kann Erleichterung bringen und neue Perspektiven eröffnen.

Selbsterkenntnis und Selbstreflexion: Sich selbst besser zu verstehen und die eigenen Glaubensüberzeugungen kritisch zu hinterfragen, kann helfen, Zweifel zu erkennen und zu analysieren. Durch Selbstreflexion und die Untersuchung der eigenen Motivationen und Überzeugungen können mögliche Gründe für Zweifel und Unsicherheiten identifiziert werden.

Bildung und Forschung: Eine gründliche Beschäftigung mit theologischen und philosophischen Werken, religiösen Texten und verschiedenen Standpunkten kann dazu beitragen, Zweifel zu hinterfragen und neue Erkenntnisse zu gewinnen. Bildung und Forschung bieten die Möglichkeit, unterschiedliche Perspektiven zu betrachten und das eigene Verständnis zu erweitern.

Spirituelle Praktiken: Die Teilnahme an spirituellen Praktiken wie Gebet, Meditation, Kontemplation oder rituellen Handlungen kann eine Quelle der Stärkung und Ermutigung sein. Diese Praktiken können helfen, eine tiefere Verbindung mit dem Spirituellen zu erfahren und innere Klarheit zu erlangen.

Zeit und Geduld: Der Umgang mit Zweifeln erfordert oft Zeit und Geduld. Es ist wichtig, sich selbst Zeit zu geben, um Fragen zu stellen, nach Antworten zu suchen und sich mit Unsicherheiten auseinanderzusetzen. Der Prozess der Klärung kann langwierig sein und unterschiedliche Phasen durchlaufen.

Es ist wichtig anzumerken, dass jeder individuell mit Zweifeln und Unsicherheiten umgeht, und es gibt keine "richtige" oder "falsche" Art und Weise, diesen Prozess zu durchlaufen. Jeder Mensch hat seine eigene Reise des Glaubens und seine eigene Art, mit Zweifeln umzugehen. Offenheit, Ehrlichkeit und die Bereitschaft, sich mit den eigenen Fragen auseinanderzusetzen, können helfen, eine tiefere und persönlichere Verbindung zum Glauben zu entwickeln.

Wege zur persönlichen Gewissheit oder Akzeptanz von Unsicherheit können helfen, den individuellen Umgang mit dem Glauben zu stärken. Hier sind einige mögliche Ansätze:

Reflexion über persönliche Erfahrungen: Das Zurückblicken auf persönliche spirituelle Erfahrungen und Momente des Transzendenten kann dazu beitragen, Gewissheit oder zumindest Vertrauen in den eigenen Glauben zu entwickeln. Das Erinnern an bedeutsame Erlebnisse kann helfen, Zweifel zu überwinden und eine innere Überzeugung zu festigen.

Studium und Bildung: Das kontinuierliche Studium und die Vertiefung des Glaubens durch theologische Werke, religiöse Texte oder philosophische Schriften können zu einer tieferen Erkenntnis und einem umfassenderen Verständnis des Glaubens führen. Bildung eröffnet neue Perspektiven und ermöglicht eine fundierte Auseinandersetzung mit den Fragen des Glaubens.

Dialog und Gemeinschaft: Der Austausch mit anderen Gläubigen in religiösen Gemeinschaften, Diskussionsgruppen oder spirituellen Mentoren kann helfen, Zweifel zu diskutieren, Fragen zu klären und Unterstützung zu finden. Der Dialog ermöglicht es, verschiedene Standpunkte zu hören und gegenseitige Erfahrungen zu teilen.

Persönliche Spiritualität: Die Entwicklung einer persönlichen spirituellen Praxis kann dazu beitragen, eine tiefere Verbindung zum Glauben zu entwickeln. Dies kann durch Gebet, Meditation, rituelle Handlungen oder andere Formen der spirituellen Praxis erfolgen. Durch regelmäßige Übung kann eine innere Stärke und Gewissheit wachsen.

Akzeptanz von Unsicherheit: Es ist auch wichtig zu akzeptieren, dass Unsicherheit und Zweifel ein natürlicher Bestandteil des Glaubens sein können. Die Anerkennung, dass der Glaube nicht immer mit absoluter Gewissheit einhergehen muss, kann helfen, eine ruhige Gelassenheit in Bezug auf Fragen und Unsicherheiten zu entwickeln. Der Fokus kann auf der persönlichen Beziehung zu Gott oder der spirituellen Reise liegen, anstatt ausschließlich nach endgültigen Antworten zu suchen.

Es ist wichtig anzumerken, dass jeder individuell ist und dass verschiedene Wege zur Gewissheit oder Akzeptanz von Unsicherheit passen können. Was für eine Person funktioniert, muss nicht unbedingt für eine andere Person geeignet sein. Der Prozess der persönlichen Gewissheit oder Akzeptanz kann Zeit, Geduld und Selbstreflexion erfordern. Es ist eine fortwährende Reise, die in verschiedenen Lebensphasen unterschiedlich aussehen kann.

KAPITEL 10: ZUSAMMENFASSUNG UND SCHLUSSFOLGERUNG

Die vorangegangene Diskussion hat verschiedene Perspektiven und Argumente im Zusammenhang mit der Frage nach der Existenz Gottes beleuchtet. Es wurden sowohl religiöse als auch philosophische, wissenschaftliche und persönliche Standpunkte betrachtet. Es ist wichtig anzumerken, dass die Frage nach der Existenz Gottes eine komplexe und tiefgründige Thematik ist, die von Menschen seit jeher intensiv diskutiert wird.

Religiöse Traditionen bieten verschiedene Vorstellungen von Gott und argumentieren für seine Existenz aufgrund von Offenbarungen, heiligen Schriften, spirituellen Erfahrungen und der Überzeugung von Gottes Wirken in der Welt. Diese Argumente beruhen auf dem Glauben an eine höhere Macht und können als Ausdruck des Transzendenten in menschlichen Erfahrungen und der Welt interpretiert werden.

Philosophische Argumente für und gegen die Existenz Gottes umfassen das kosmologische Argument, das teleologische Argument, das ontologische Argument und andere. Diese Argumente basieren auf der Vernunft, Logik und der Betrachtung der Ordnung und Struktur des Universums. Sie versuchen, die Existenz Gottes auf rationale Weise zu erklären und zu rechtfertigen.

Die Naturwissenschaften liefern Erkenntnisse über die physikalischen und natürlichen Phänomene in der Welt. Sie behandeln die Frage nach Gott in der Regel nicht direkt, da sie auf empirischen Beobachtungen und methodischen Ansätzen basieren. Einige Wissenschaftler argumentieren jedoch, dass die Wissenschaft neutral in Bezug auf die Frage nach Gott ist und keine endgültigen Antworten darauf liefern kann.

Die Diskussion über die Vereinbarkeit von Wissenschaft und Religion hat gezeigt, dass es verschiedene Ansichten gibt. Einige sehen in Wissenschaft und Religion zwei getrennte Bereiche, die unterschiedliche Aspekte der Realität abdecken, während andere nach einer Synthese oder Integration von wissenschaftlichen und religiösen Erkenntnissen suchen.

Persönliche Erfahrungen und spirituelle Erlebnisse spielen eine wichtige Rolle im Glauben an Gott. Berichte von Menschen, die Gott erfahren haben oder an seine Existenz glauben, zeugen von individuellen Überzeugungen und tiefen persönlichen Erfahrungen. Diese Erfahrungen können als bedeutsame Quelle der Gewissheit und des Glaubens dienen.

Auf der anderen Seite gibt es auch den Atheismus, der die Existenz Gottes bestreitet. Atheistische Argumente basieren oft auf wissenschaftlicher Rationalität, der Abwesenheit überzeugender Beweise oder der Kritik an religiösen Überlieferungen. Sie betonen die Bedeutung von Naturgesetzen, Empirie und rationaler Denkweise.

Die Diskussion umfasst auch die Rolle von Offenbarungen und heiligen Schriften in verschiedenen Religionen. Diese Texte sind Quellen der Autorität und werden als göttliche Offenbarungen betrachtet. Ihre Glaubwürdigkeit und Autorität werden jedoch unterschiedlich bewertet und können Gegenstand kritischer Untersuchungen sein.

Ethik und moralische Werte stehen in enger Verbindung mit dem religiösen Glauben. Religionen bieten oft ethische Prinzipien und Werte, die das Verhalten und die Lebensführung der Gläubigen beeinflussen. Es gibt jedoch auch alternative Erklärungsmodelle für die Herkunft moralischer Werte, wie zum Beispiel philosophische Ansätze oder soziale Konstruktionen.

Die Betrachtung des Agnostizismus zeigt eine Position zwischen Glauben und Unglauben. Agnostiker bekennen sich nicht zu einer bestimmten Überzeugung hinsichtlich der Existenz Gottes, sondern halten es für ungewiss oder unerreichbar, definitive Antworten auf diese Frage zu erhalten.

Abschließend lässt sich festhalten, dass die Frage nach der Existenz Gottes vielschichtig ist und von unterschiedlichen Perspektiven betrachtet werden kann. Die Diskussion hat gezeigt, dass es verschiedene Argumente, Erfahrungen und Überzeugungen gibt. Letztendlich ist die Auseinandersetzung mit der Frage nach Gott eine individuelle Reise, bei der jeder Mensch seinen eigenen Weg zur Gewissheit oder Akzeptanz finden kann.

Die Reflexion über die Frage nach der Existenz Gottes ist eine tiefgründige und persönliche Auseinandersetzung, die den Menschen auf vielfältige Weise beeinflussen kann. Es ist eine Frage, die die Grundlagen des Glaubens, der Philosophie und der Weltanschauung berührt. Die Reflexion erfordert einen offenen Geist, eine Bereitschaft zur Selbstreflexion und die Fähigkeit, verschiedene Perspektiven zu betrachten.

Die Frage nach der Existenz Gottes regt zum Nachdenken über die Natur des Universums, den Ursprung des Lebens, das Phänomen des Bewusstseins und die Bedeutung menschlicher Existenz an. Sie kann sowohl intellektuelle als auch emotionale Reaktionen hervorrufen und tiefgreifende Auswirkungen auf das individuelle Leben haben.

Während der Reflexionsprozess zur Gewissheit oder Unsicherheit führen kann, ist es wichtig zu beachten, dass die Frage nach der Existenz Gottes nicht immer mit endgültigen Antworten beantwortet werden kann. Es gibt Raum für unterschiedliche

Überzeugungen, Interpretationen und persönliche Erfahrungen.

Die Reflexion über die Frage nach der Existenz Gottes eröffnet die Möglichkeit, tiefe spirituelle Erfahrungen und Einsichten zu gewinnen. Sie kann zur Entwicklung eines starken persönlichen Glaubens führen, der Orientierung, Trost und Sinnstiftung im Leben bietet. Gleichzeitig kann die Reflexion auch Zweifel und Unsicherheiten hervorrufen, die zu einer kritischen Auseinandersetzung mit dem Glauben und der Suche nach weiterer Erkenntnis führen.

Es ist wichtig, dass jeder Mensch die Freiheit hat, seine eigene Überzeugung zu entwickeln und zu reflektieren. Die Reflexion über die Frage nach der Existenz Gottes kann zu einem tieferen Verständnis der eigenen Spiritualität, der Werte und des Zwecks im Leben führen. Sie kann auch zu einem besseren Verständnis anderer Menschen und ihrer Glaubenswege beitragen.

Die Reflexion über die Frage nach der Existenz Gottes ist eine persönliche Reise, die Zeit, Geduld und Offenheit erfordert. Es ist eine Reise, die den Menschen dazu einlädt, über ihre tiefsten Überzeugungen und Erfahrungen nachzudenken und ihre eigene Beziehung zum Transzendenten zu erforschen. Letztendlich kann die Reflexion über diese Frage zu einem tieferen Verständnis der eigenen Spiritualität und des persönlichen Glaubens führen, unabhängig von der endgültigen Antwort auf die Frage nach der Existenz Gottes.

Die vorliegende Auseinandersetzung mit der Frage nach der Existenz Gottes hat gezeigt, dass es eine Vielzahl von Perspektiven, Argumenten und Erfahrungen gibt. Die Diskussion umfasste religiöse, philosophische, wissenschaftliche und persönliche Ansätze, die alle dazu beitrugen, ein umfassenderes Verständnis der Thematik zu erlangen.

Es ist wichtig anzuerkennen, dass die Frage nach der Existenz Gottes eine komplexe und individuelle Angelegenheit ist. Jeder

Mensch kann seine eigene Beziehung zum Transzendenten entwickeln und seine eigene Antwort auf diese Frage finden. Es gibt keinen einheitlichen Weg oder eine allgemeingültige Lösung.

Die Reflexion über die Frage nach der Existenz Gottes kann zu einer tieferen Selbstreflexion, einer Erweiterung des Wissens und einer kritischen Betrachtung der eigenen Überzeugungen führen. Es ist ein fortwährender Prozess, der eine offene Haltung, den Mut zur Fragestellung und die Bereitschaft zur Erkundung verschiedener Perspektiven erfordert.

Unabhängig von den unterschiedlichen Standpunkten und Überzeugungen kann die Auseinandersetzung mit der Frage nach der Existenz Gottes eine Quelle der Inspiration, des Trostes und der Sinngebung sein. Sie kann dazu beitragen, ethische Prinzipien zu entwickeln, das individuelle Leben zu bereichern und einen Beitrag zur Gestaltung von Kultur und Gesellschaft zu leisten.

Der Ausblick auf die weitere Erforschung der Frage nach der Existenz Gottes zeigt, dass dieser Diskurs niemals abgeschlossen sein wird. Neue Erkenntnisse, philosophische Entwicklungen und persönliche Erfahrungen können zu neuen Perspektiven und Einsichten führen. Die fortschreitende wissenschaftliche Forschung und der interreligiöse Dialog können ebenfalls dazu beitragen, das Verständnis zu vertiefen und die Diskussion voranzutreiben.

Insgesamt lässt sich festhalten, dass die Frage nach der Existenz Gottes eine tiefgreifende und bedeutsame Fragestellung ist, die Menschen seit jeher beschäftigt. Die vorliegende Diskussion hat gezeigt, dass es keine endgültigen Antworten gibt, sondern vielmehr eine Vielzahl von Perspektiven, Überzeugungen und Erfahrungen. Indem wir uns mit dieser Frage auseinandersetzen und offen bleiben für den Dialog und die Reflexion, können wir zu einem tieferen Verständnis des Glaubens, der Spiritualität und der menschlichen Existenz gelangen.

Ende.